나에 대한 모든 기록

10-year journal

클레이하우스
CLAYHOUSE

The yearly journal
about me, by me, for me

일 년이라는 시간,
하루하루 살면서는 알 수 없는
많은 것을 가르쳐준다.

- 랄프 왈도 에머슨

기록을 시작하며

『나는 나로 살기로 했다』의 출간 이후
어떻게 해야 나 자신을 알 수 있냐는 질문을 자주 받았다.
그럴 때면 자신이 살아온 시간에 대해 적어보길 권했는데,
생각보다 많은 사람이 이 일을 어려워했다.

삶에 떠밀려 살아가다 보면 기억은 쉽게 사라지는 법이다.
기록으로 삶의 흔적을 남겨두어야
우리는 그 흔적을 따라 다시 한 번 과거를 살 수 있다.
한마디로 기록은 헨젤과 그레텔이 집으로 돌아가기 위해
떨어트리는 작은 빵 조각 같은 것이다.

그런데 기록한다는 건,
특히 꾸준히 기록한다는 건 꽤 어려운 일이다.
새해면 어김없이 다이어리를 장만해도
끝까지 채우는 건 드문 일이고,
가까스로 매일 기록한다고 해도 단편적 사실이나 감상에
불과할 때가 많았다.

그래서 나는 1년에 한 번 나의 삶을 기록하기로 했다.

그리고 그 기록에 연기(年記)라고 이름을 붙였다.

2009년부터 매년 연말이 되면 '기록의 날'을 가졌는데,

이름은 거창하지만 그저 두세 시간을 내어

한 해 동안 있었던 일을 정리하는 것이었다.

'올해 아무것도 한 게 없이 시간만 흘러보냈다'라고 생각해도

막상 적어보면 제법 많은 일이 있었고,

하루에는 보이지 않는 흐름과 변화가 있었다.

흘러가는 시간을 기록으로 짚고 넘어가니

그 시간들에 의미도 보였다.

그렇게 한 해 한 해 내가 쓴 기록이 쌓이자

나는 나 자신이 점점 선명해지는 것을 느꼈고,

그 기록을 보며 지나간 어느 해로든 쉽게 돌아갈 수 있었다.

10여 년 전 연기를 쓰기 시작한 것은

작은 일이었지만,

분명 내가 가장 잘 한 일 중 하나일 것이다.

그래서 나는 예전부터 이 책을 만들고 싶었다.
이 경험을 당신과 나누고 싶었다.
흘러가는 모든 것이 아쉽기만 한 당신에게,
삶을 기록하고 싶지만 그게 늘 어려운 당신에게
1년에 한 번쯤 삶을 기록하는 계기를 마련해주고 싶었다.

사랑한다는 건 그 대상을 알아가는 일이다.
이는 자신에게도 마찬가지다.
우리가 나 자신의 삶에 애정을 갖고
제대로 사랑하기 위해서는
자신의 삶을 제대로 알아야 한다.
그렇게 되면 비로소 자신을 이해할 수 있고
나아가 자신의 삶을 향해 고개를 끄덕일 수 있다.

분명 당신도 연기를 쓰며 많은 것을 느낄 것이다.
기록한 만큼 당신의 소유가 될 것이고
그 안에서 당신의 이야기를 발견할 것이다.
그리고 당신이 얼마나 애써왔는지도 알게 될 것이다.

지금 시작될 당신의 연기가

10년 후 당신에게 의미 있는 선물이 되기를 바라며

당신이 걸어갈 삶의 여정에 온 마음을 다해 축복을 보낸다.

김수현 드림.

목차

기록을 시작하며

일러두기

1. 연기는 당신의 추억과 성장을 담기 위해 제작되었습니다.

2. 연기는 언제라도 시작할 수 있습니다.

3. 1년에 한 번은 '기록의 날'을 가져보세요. 두세 시간이면 충분합니다.

4. 각 페이지에 쓰인 '가이드'를 참고하여 답을 합니다.

5. 정해진 답은 없습니다. 자신에게 맞는 방식으로 쓰면 됩니다.

6. 가능한 한 모두 답해주세요. 도저히 대답할 게 없다면 '없음'이라고 적어주세요.

7. 내가 쓴 답을 보며 변하는 것과 변하지 않는 것, 그리고 흐름을 발견해보세요.

8. 평소에 찍어둔 사진, 업로드한 SNS 피드 등을 참고하면 연기를 쓸 때 도움이 됩니다.

9. 처음에는 어색하겠지만, 점점 자신의 연기 쓰기 노하우를 갖게 될 것입니다.

10. 10년 후 당신을 위해 시작해주세요.

10

년 후 나에게
하고 싶은 말

We only know how hard we've tried,
when we look back at our pasts.

다시 되짚어볼 때야 알게 된다.
우리가 얼마나 애써왔는지를.

첫
번
째
해

월간 기록

달마다 적어도 좋고 한 해를 돌아보며 한꺼번에 적어도 좋아요.
또 기록을 보며 월간 점수를 매겨봐도 좋습니다.
매월 있었던 중요한 일을 간단히 기록해보세요.

1월

2월

3월

4월

5월

6월

7월

8월

9월

10월

11월

12월

올해의 요약

정신없이 바쁘게 살다 보니 벌써 한 해가 다 가고 있네요.
1년을 돌아보면서 나와 내 주변에 어떤 일이 있었는지 살펴보세요.

올해의 사건

1. ....

2. ....

3. ....

올해의 관심사

1. ....

2. ....

3. ....

올해 나에게 일어난 가장 큰 변화는?

....

....

....

올해 자주 했던 생각은?

....

....

....

....

내가 가장 전념한 일은?

내가 소홀했던 일은?

올해 세상에 일어난 중요한 사건 세 가지는?

1.

2.

3.

내 주변 사람들에게 일어난 중요한 사건은?

올해의 순간

기억에 남는 올해의 순간들을 기록으로 남겨보면
공통점을 발견할 수도 있을 거예요.

올해 최고의 순간

1.

2.

3.

올해 가장 힘들었던 순간

눈물이 났던 순간

가장 놀랐던 순간

소소한 행복을 느꼈던 순간

올해의 성장

매일 비슷비슷한 하루를 사는 것 같아 보이지만
작년과 비교하면 훌쩍 성장한 나를 발견할 수 있을 거예요.

올해의 성과

1.

2.

3.

올해 새롭게 도전해보거나 배워본 일은?

내가 잘한다고 느끼는 일과 유독 어렵다고 느끼는 일은?

커리어, 신체 관리 등 외적 성장을 위해 한 일은?

봉사, 마음 관리 등 내적 성장을 위해 한 일은?

올해의 마음

가장 통제하기 힘든 게 우리의 마음입니다.
그만큼 알아채기 힘든 게 또 마음이죠.
올해 내 마음이 어땠는지 찬찬히 살펴보세요.

올해의 우선순위 vs. 실제 노력한 비중

1. .... , ... %

2. .... , ... %

3. .... , ... %

4. .... , ... %

5. .... , ... %

딱 한 가지 소원을 빈다면?

....

....

올해 했던 가장 큰 고민과 그 고민 끝에 내린 결론은?

....

....

마음이 힘들 때 가장 도움이 되었던 것은?

....

....

....

올해의 나

나를 규정하는 정체성은 작년과 얼마나 달라졌을까요?
10년 동안 꾸준히 기록하면서
무엇이 바뀌었고 무엇이 바뀌지 않았는지 확인해보세요.

나이:	특기:
직업:	취미(관심사):
사는 곳:	보물 1호:
몸무게:	가장 편한 모임:
연 소득:	별명(애칭, 닉네임):
종교:	안정 vs. 도전:

올해의 경험

인생은 결국 내가 경험한 만큼만 내 것이 됩니다.
무심코 지나간 경험들을 하나씩 떠올려보세요.

올해의 장소	
가장 자주 있던 지역:	가장 기억에 남는 장소:
나의 안식처(케렌시아):	올해의 여행지:

올해의 말	
올해 들은 기분 좋은 말:	올해 자주 한 말:

올해의 맛	
올해의 힐링푸드:	올해 최고의 맛집:

올해의 물건	
올해 산 최고의 아이템:	올해 받은 최고의 선물:

올해의 관계

삶의 많은 기쁨과 고민이 인간관계에서 비롯되지요.
지금 내 주변 사람들과의 관계를 점검해보세요.

가장 친하게 지낸 사람:	오랜만에 다시 만난 사람:
올해 새롭게 알게 된 사람:	올해 가장 고마운 사람:
전보다 가까워진 사람:	내게 부정적인 영향을 준 사람:
전보다 멀어진 사람:	내게 긍정적인 영향을 준 사람:

나에게 올해의 인물은? 그 사람에 대해 남겨두고 싶은 이야기가 있다면?

올해의 발견

연기를 쓰다 보니 몰랐던 나를 하나씩 발견하게 되지 않나요?
계속 반복되는 답변이 있다면 그것이 올해를 대표하는 것이겠죠.
다음의 질문에 답하면서 내가 발견한 것들을 기록해보세요.

올해는 나에게 어떤 계절이었나?

- [ ] 봄: 배우고 준비하고 시작하는 계절
- [ ] 여름: 견디고 정진하는 계절
- [ ] 가을: 수확하고 결실을 맺는 계절
- [ ] 겨울: 휴식하고 다음을 모색하는 계절

하거나 하지 않은 일 중 후회되는 일이 있다면?

올해 한 일 중 가장 잘 한 일이 있다면?

올해 더 나아졌다고 느끼는 점과 더 나빠졌다고 느끼는 점은?

롤모델이나 워너비 인물이 있다면? 그 이유는?

올해 새롭게 알게 된 나의 모습은?(취향, 성격 등)

올해 깨달음을 얻은 게 있다면?

내가 가장 불안해하는 상황이 있다면?

올해의 어워드

힘든 일이 많아도 좋아하는 것들이 있어 견딜 수 있었죠.
내 마음을 빼앗은 최고의 것들을 시상식 형식으로 기록해보세요.
즐기는 게 사람마다 다른 만큼 나만의 시상식도 열어보자고요.

올해의 책:	올해의 영화:
올해의 음악:	올해의 스포츠:
올해의 프로그램(TV, OTT, 유튜브 등):	올해의 인물(연예인, 정치인, 운동선수 등):

나만의 시상식

올해의   :   올해의   :
_____   _____

올해의   :   올해의   :
_____   _____

올해의 평가

나의 올해에 점수를 매겨볼 수 있을까요?
분명 주관적인 평가이지만 여기에 적은 숫자들을 통해
내 삶을 좀 더 객관적으로 볼 수 있게 될 겁니다.

친구, 연인, 가족 등 관계 만족도	/20점

코멘트 :

취미, 여행 등 여가 생활 만족도	/20점

코멘트 :

급여, 재테크 등 금전 만족도	/20점

코멘트 :

일, 학업 등 성취 만족도	/20점

코멘트 :

마음, 신체 등 건강 만족도	/20점

코멘드 .

종합 만족도	/100점

코멘트 :

올해를 지배한 나의 감정은?
(수치심 - 슬픔 - 공포 - 갈망 - 분노 - 자부심 - 용기 - 수용 - 자존 - 평온 - 기쁨)

올해의 나를 한줄평으로!

올해의 복기

지금까지 나에 대해 많은 것을 기록했지만 미처 담아내지 못한
이야기도 있을 거예요. 사진을 붙여도 좋고 그림을 그려도 좋아요.
올해를 복기하며 남기고 싶은 말을 자유롭게 써보세요.

올해의 나에게 하고 싶은 말

다음해를 위한 계획

연기를 쓰니 좋았던 것부터 아쉬운 것까지
많은 것이 분명해지지 않았나요?
더 나답게 살기 위한 내년 계획을 세워보세요.

to - do list (해야 할 것)	
1.	☐
2.	☐
3.	☐
4.	☐
5.	☐

bucket list (하고 싶은 것)	
1.	☐
2.	☐
3.	☐
4.	☐
5.	☐

월 단위 계획

1월:
....

2월:
....

3월:
....

4월:
....

5월:
....

6월:
....

7월:
....

8월:
....

9월:
....

10월:
....

11월:
....

12월:
....

Along the road of
learning and understanding,
love exists.

앎에서 이해로 가는 과정에
사랑이 존재한다.

두 번째 해

월간 기록

달마다 적어도 좋고 한 해를 돌아보며 한꺼번에 적어도 좋아요.
또 기록을 보며 월간 점수를 매겨봐도 좋습니다.
매월 있었던 중요한 일을 간단히 기록해보세요.

1월

2월

3월

4월

5월

6월

7월

8월

9월

10월

11월

12월

올해의 요약

정신없이 바쁘게 살다 보니 벌써 한 해가 다 가고 있네요.
1년을 돌아보면서 나와 내 주변에 어떤 일이 있었는지 살펴보세요.

올해의 사건

1.

2.

3.

올해의 관심사

1.

2.

3.

올해 나에게 일어난 가장 큰 변화는?

올해 자주 했던 생각은?

내가 가장 전념한 일은?

내가 소홀했던 일은?

올해 세상에 일어난 중요한 사건 세 가지는?

1.

2.

3.

내 주변 사람들에게 일어난 중요한 사건은?

올해의 순간

기억에 남는 올해의 순간들을 기록으로 남겨보면
공통점을 발견할 수도 있을 거예요.

올해 최고의 순간

1.

2.

3.

올해 가장 힘들었던 순간

눈물이 났던 순간

가장 놀랐던 순간

소소한 행복을 느꼈던 순간

올해의 성장

매일 비슷비슷한 하루를 사는 것 같아 보이지만
작년과 비교하면 훌쩍 성장한 나를 발견할 수 있을 거예요.

올해의 성과

1.

2.

3.

올해 새롭게 도전해보거나 배워본 일은?

내가 잘한다고 느끼는 일과 유독 어렵다고 느끼는 일은?

커리어, 신체 관리 등 외적 성장을 위해 한 일은?

봉사, 마음 관리 등 내적 성장을 위해 한 일은?

올해의 마음

가장 통제하기 힘든 게 우리의 마음입니다.
그만큼 알아채기 힘든 게 또 마음이죠.
올해 내 마음이 어땠는지 찬찬히 살펴보세요.

올해의 우선순위 vs. 실제 노력한 비중

1. ...., ... %

2. ...., ... %

3. ...., ... %

4. ...., ... %

5. ...., ... %

딱 한 가지 소원을 빈다면?

올해 했던 가장 큰 고민과 그 고민 끝에 내린 결론은?

마음이 힘들 때 가장 도움이 되었던 것은?

올해의 나

나를 규정하는 정체성은 작년과 얼마나 달라졌을까요?
10년 동안 꾸준히 기록하면서
무엇이 바뀌었고 무엇이 바뀌지 않았는지 확인해보세요.

나이:	특기:
직업:	취미(관심사):
사는 곳:	보물 1호:
몸무게:	가장 편한 모임:
연 소득:	별명(애칭, 닉네임):
종교:	안정 vs. 도전:

올해의 경험

인생은 결국 내가 경험한 만큼만 내 것이 됩니다.
무심코 지나간 경험들을 하나씩 떠올려보세요.

올해의 장소

가장 자주 있던 지역:

나의 안식처(케렌시아):

가장 기억에 남는 장소:

올해의 여행지:

올해의 말

올해 들은 기분 좋은 말:

올해 자주 한 말:

올해의 맛

올해의 힐링푸드:

올해 최고의 맛집:

올해의 물건

올해 산 최고의 아이템:

올해 받은 최고의 선물:

올해의 관계

삶의 많은 기쁨과 고민이 인간관계에서 비롯되지요.
지금 내 주변 사람들과의 관계를 점검해보세요.

가장 친하게 지낸 사람:	오랜만에 다시 만난 사람:
올해 새롭게 알게 된 사람:	올해 가장 고마운 사람:
전보다 가까워진 사람:	내게 부정적인 영향을 준 사람:
전보다 멀어진 사람:	내게 긍정적인 영향을 준 사람:

나에게 올해의 인물은? 그 사람에 대해 남겨두고 싶은 이야기가 있다면?

....

....

....

....

....

....

올해의 발견

연기를 쓰다 보니 몰랐던 나를 하나씩 발견하게 되지 않나요?
계속 반복되는 답변이 있다면 그것이 올해를 대표하는 것이겠죠.
다음의 질문에 답하면서 내가 발견한 것들을 기록해보세요.

올해는 나에게 어떤 계절이었나?

☐ 봄 : 배우고 준비하고 시작하는 계절

☐ 여름 : 견디고 정진하는 계절

☐ 가을 : 수확하고 결실을 맺는 계절

☐ 겨울 : 휴식하고 다음을 모색하는 계절

하거나 하지 않은 일 중 후회되는 일이 있다면?

....

....

올해 한 일 중 가장 잘 한 일이 있다면?

....

....

올해 더 나아졌다고 느끼는 점과 더 나빠졌다고 느끼는 점은?

....

....

롤모델이나 워너비 인물이 있다면? 그 이유는?

올해 새롭게 알게 된 나의 모습은?(취향, 성격 등)

올해 깨달음을 얻은 게 있다면?

내가 가장 불안해하는 상황이 있다면?

올해의 어워드

힘든 일이 많아도 좋아하는 것들이 있어 견딜 수 있었죠.
내 마음을 빼앗은 최고의 것들을 시상식 형식으로 기록해보세요.
즐기는 게 사람마다 다른 만큼 나만의 시상식도 열어보자고요.

올해의 책:	올해의 영화:
올해의 음악:	올해의 스포츠:
올해의 프로그램(TV, OTT, 유튜브 등):	올해의 인물(연예인, 정치인, 운동선수 등):

나만의 시상식

올해의 _____ :

올해의 _____ :

올해의 _____ :

올해의 _____ :

올해의 평가

Score

나의 올해에 점수를 매겨볼 수 있을까요?
분명 주관적인 평가이지만 여기에 적은 숫자들을 통해
내 삶을 좀 더 객관적으로 볼 수 있게 될 겁니다.

친구, 연인, 가족 등 관계 만족도	/20점
코멘트 :	
취미, 여행 등 여가 생활 만족도	/20점
코멘트 :	
급여, 재테크 등 금전 만족도	/20점
코멘트 :	
일, 학업 등 성취 만족도	/20점
코멘트 :	
마음, 신체 등 건강 만족도	/20점
코멘트 :	
종합 만족도	/100점
코멘트 :	

올해를 지배한 나의 감정은?
(수치심-슬픔-공포-갈망-분노-자부심-용기-수용-자존-평온-기쁨)

올해의 나를 한줄평으로!

올해의 복기

지금까지 나에 대해 많은 것을 기록했지만 미처 담아내지 못한
이야기도 있을 거예요. 사진을 붙여도 좋고 그림을 그려도 좋아요.
올해를 복기하며 남기고 싶은 말을 자유롭게 써보세요.

올해의 나에게 하고 싶은 말

다음해를 위한 계획

연기를 쓰니 좋았던 것부터 아쉬운 것까지
많은 것이 분명해지지 않았나요?
더 나답게 살기 위한 내년 계획을 세워보세요.

to - do list (해야 할 것)	
1.	☐
2.	☐
3.	☐
4.	☐
5.	☐

bucket list (하고 싶은 것)	
1.	☐
2.	☐
3.	☐
4.	☐
5.	☐

월 단위 계획

1월 :

2월 :

3월 :

4월 :

5월 :

6월 :

7월 :

8월 :

9월 :

10월 :

11월 :

12월 :

Even as time passes
and everything changes,
you are still you.

시간이 흐르고 모든 것이 변할지라도
당신은 여전히 당신이다.

세
번
째

해

월간 기록

달마다 적어도 좋고 한 해를 돌아보며 한꺼번에 적어도 좋아요.
또 기록을 보며 월간 점수를 매겨봐도 좋습니다.
매월 있었던 중요한 일을 간단히 기록해보세요.

1월

2월

3월

4월

5월

6월

7월

8월

9월

10월

11월

12월

올해의 요약

정신없이 바쁘게 살다 보니 벌써 한 해가 다 가고 있네요.
1년을 돌아보면서 나와 내 주변에 어떤 일이 있었는지 살펴보세요.

올해의 사건

1. ....

2. ....

3. ....

올해의 관심사

1. ....

2. ....

3. ....

올해 나에게 일어난 가장 큰 변화는?

....

....

....

올해 자주 했던 생각은?

....

....

....

내가 가장 전념한 일은?

내가 소홀했던 일은?

올해 세상에 일어난 중요한 사건 세 가지는?

1.

2.

3.

내 주변 사람들에게 일어난 중요한 사건은?

올해의 순간

기억에 남는 올해의 순간들을 기록으로 남겨보면
공통점을 발견할 수도 있을 거예요.

올해 최고의 순간

1. ....

2. ....

3. ....

올해 가장 힘들었던 순간

....

....

....

눈물이 났던 순간

....

....

가장 놀랐던 순간

....

....

소소한 행복을 느꼈던 순간

....

....

올해의 성장

매일 비슷비슷한 하루를 사는 것 같아 보이지만
작년과 비교하면 훌쩍 성장한 나를 발견할 수 있을 거에요.

올해의 성과

1.

2.

3.

올해 새롭게 도전해보거나 배워본 일은?

내가 잘한다고 느끼는 일과 유독 어렵다고 느끼는 일은?

커리어, 신체 관리 등 외적 성장을 위해 한 일은?

봉사, 마음 관리 등 내적 성장을 위해 한 일은?

올해의 마음

가장 통제하기 힘든 게 우리의 마음입니다.
그만큼 알아채기 힘든 게 또 마음이죠.
올해 내 마음이 어땠는지 찬찬히 살펴보세요.

올해의 우선순위 vs. 실제 노력한 비중

1. .... , ... %

2. .... , ... %

3. .... , ... %

4. .... , ... %

5. .... , ... %

딱 한 가지 소원을 빈다면?

....

....

올해 했던 가장 큰 고민과 그 고민 끝에 내린 결론은?

....

....

마음이 힘들 때 가장 도움이 되었던 것은?

....

....

올해의 나

나를 규정하는 정체성은 작년과 얼마나 달라졌을까요?
10년 동안 꾸준히 기록하면서
무엇이 바뀌었고 무엇이 바뀌지 않았는지 확인해보세요.

나이:	특기:
직업:	취미 (관심사):
사는 곳:	보물 1호:
몸무게:	가장 편한 모임:
연 소득:	별명 (애칭, 닉네임):
종교:	안정 vs. 도전:

올해의 경험

인생은 결국 내가 경험한 만큼만 내 것이 됩니다.
무심코 지나간 경험들을 하나씩 떠올려보세요.

올해의 장소	
가장 자주 있던 지역:	가장 기억에 남는 장소:
나의 안식처(케렌시아):	올해의 여행지:

올해의 말	
올해 들은 기분 좋은 말:	올해 자주 한 말:

올해의 맛	
올해의 힐링푸드:	올해 최고의 맛집:

올해의 물건	
올해 산 최고의 아이템:	올해 받은 최고의 선물:

올해의 관계

삶의 많은 기쁨과 고민이 인간관계에서 비롯되지요.
지금 내 주변 사람들과의 관계를 점검해보세요.

가장 친하게 지낸 사람:	오랜만에 다시 만난 사람:
올해 새롭게 알게 된 사람:	올해 가장 고마운 사람:
전보다 가까워진 사람:	내게 부정적인 영향을 준 사람:
전보다 멀어진 사람:	내게 긍정적인 영향을 준 사람:

나에게 올해의 인물은? 그 사람에 대해 남겨두고 싶은 이야기가 있다면?

올해의 발견

연기를 쓰다 보니 몰랐던 나를 하나씩 발견하게 되지 않나요?
계속 반복되는 답변이 있다면 그것이 올해를 대표하는 것이겠죠.
다음의 질문에 답하면서 내가 발견한 것들을 기록해보세요.

올해는 나에게 어떤 계절이었나?

☐ 봄 : 배우고 준비하고 시작하는 계절

☐ 여름 : 견디고 정진하는 계절

☐ 가을 : 수확하고 결실을 맺는 계절

☐ 겨울 : 휴식하고 다음을 모색하는 계절

하거나 하지 않은 일 중 후회되는 일이 있다면?

....

....

올해 한 일 중 가장 잘 한 일이 있다면?

....

....

올해 더 나아졌다고 느끼는 점과 더 나빠졌다고 느끼는 점은?

....

....

롤모델이나 워너비 인물이 있다면? 그 이유는?

올해 새롭게 알게 된 나의 모습은?(취향, 성격 등)

올해 깨달음을 얻은 게 있다면?

내가 가장 불안해하는 상황이 있다면?

올해의 어워드

힘든 일이 많아도 좋아하는 것들이 있어 견딜 수 있었죠.
내 마음을 빼앗은 최고의 것들을 시상식 형식으로 기록해보세요.
즐기는 게 사람마다 다른 만큼 나만의 시상식도 열어보자고요.

올해의 책:	올해의 영화:
올해의 음악:	올해의 스포츠:
올해의 프로그램(TV, OTT, 유튜브 등):	올해의 인물(연예인, 정치인, 운동선수 등):

나만의 시상식

올해의 _____ :

올해의 _____ :

올해의 _____ :

올해의 _____ :

올해의 평가

Score

나의 올해에 점수를 매겨볼 수 있을까요?
분명 주관적인 평가이지만 여기에 적은 숫자들을 통해
내 삶을 좀 더 객관적으로 볼 수 있게 될 겁니다.

친구, 연인, 가족 등 관계 만족도 /20점

코멘트 :

취미, 여행 등 여가 생활 만족도 /20점

코멘트 :

급여, 재테크 등 금전 만족도 /20점

코멘트 :

일, 학업 등 성취 만족도 /20점

코멘트 :

마음, 신체 등 건강 만족도 /20점

코멘트 :

종합 만족도 /100점

코멘트 :

올해를 지배한 나의 감정은?
(수치심 - 슬픔 - 공포 - 갈망 - 분노 - 자부심 - 용기 - 수용 - 자존 - 평온 - 기쁨)

올해의 나를 한줄평으로!

올해의 복기

지금까지 나에 대해 많은 것을 기록했지만 미처 담아내지 못한
이야기도 있을 거예요. 사진을 붙여도 좋고 그림을 그려도 좋아요.
올해를 복기하며 남기고 싶은 말을 자유롭게 써보세요.

올해의 나에게 하고 싶은 말

다음해를 위한 계획

연기를 쓰니 좋았던 것부터 아쉬운 것까지
많은 것이 분명해지지 않았나요?
더 나답게 살기 위한 내년 계획을 세워보세요.

to - do list (해야 할 것)	
1.	☐
2.	☐
3.	☐
4.	☐
5.	☐

bucket list (하고 싶은 것)	
1.	☐
2.	☐
3.	☐
4.	☐
5.	☐

월 단위 계획

1월:

2월:

3월:

4월:

5월:

6월:

7월:

8월:

9월:

10월:

11월:

12월:

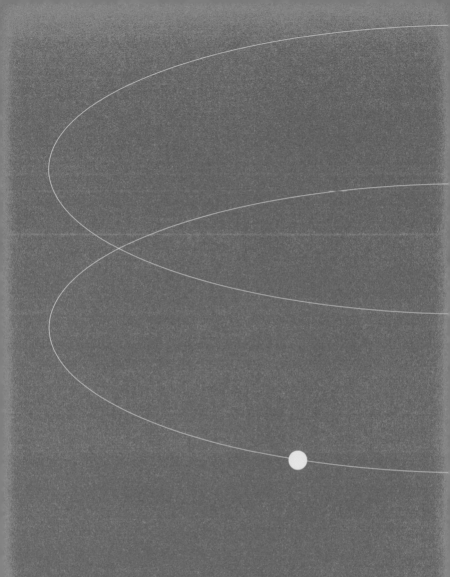

Time is no one person to possess.
It can only be recorded.

누구도 시간을 소유할 수 없다.
다만 우리는 기록할 뿐이다.

네 번째 해

월간 기록

달마다 적어도 좋고 한 해를 돌아보며 한꺼번에 적어도 좋아요.
또 기록을 보며 월간 점수를 매겨봐도 좋습니다.
매월 있었던 중요한 일을 간단히 기록해보세요.

1월

2월

3월

4월

5월

6월

7월

8월

9월

10월

11월

12월

올해의 요약

정신없이 바쁘게 살다 보니 벌써 한 해가 다 가고 있네요.
1년을 돌아보면서 나와 내 주변에 어떤 일이 있었는지 살펴보세요.

올해의 사건

1. ....

2. ....

3. ....

올해의 관심사

1. ....

2. ....

3. ....

올해 나에게 일어난 가장 큰 변화는?

....

....

....

올해 자주 했던 생각은?

....

....

....

내가 가장 전념한 일은?

....

....

....

....

내가 소홀했던 일은?

....

....

....

....

올해 세상에 일어난 중요한 사건 세 가지는?

1.
....

2.
....

3.

내 주변 사람들에게 일어난 중요한 사건은?

....

....

....

올해의 순간

기억에 남는 올해의 순간들을 기록으로 남겨보면
공통점을 발견할 수도 있을 거예요.

올해 최고의 순간

1. ....

2. ....

3. ....

올해 가장 힘들었던 순간

....

....

눈물이 났던 순간

....

....

가장 놀랐던 순간

....

....

소소한 행복을 느꼈던 순간

....

....

올해의 성장

매일 비슷비슷한 하루를 사는 것 같아 보이지만
작년과 비교하면 훌쩍 성장한 나를 발견할 수 있을 거예요.

올해의 성과

1.

2.

3.

올해 새롭게 도전해보거나 배워본 일은?

내가 잘한다고 느끼는 일과 유독 어렵다고 느끼는 일은?

커리어, 신체 관리 등 외적 성장을 위해 한 일은?

봉사, 마음 관리 등 내적 성장을 위해 한 일은?

올해의 마음

가장 통제하기 힘든 게 우리의 마음입니다.
그만큼 알아채기 힘든 게 또 마음이죠.
올해 내 마음이 어땠는지 찬찬히 살펴보세요.

올해의 우선순위 vs. 실제 노력한 비중

1.   ,   %

2.   ,   %

3.   ,   %

4.   ,   %

5.   ,   %

딱 한 가지 소원을 빈다면?

올해 했던 가장 큰 고민과 그 고민 끝에 내린 결론은?

마음이 힘들 때 가장 도움이 되었던 것은?

올해의 나

나를 규정하는 정체성은 작년과 얼마나 달라졌을까요?
10년 동안 꾸준히 기록하면서
무엇이 바뀌었고 무엇이 바뀌지 않았는지 확인해보세요.

나이:	특기:
직업:	취미(관심사):
사는 곳:	보물 1호:
몸무게:	가장 편한 모임:
연 소득:	별명(애칭. 닉네임):
종교:	안정 vs. 도전:

올해의 경험

인생은 결국 내가 경험한 만큼만 내 것이 됩니다.
무심코 지나간 경험들을 하나씩 떠올려보세요.

올해의 장소	
가장 자주 있던 지역:	가장 기억에 남는 장소:
나의 안식처(케렌시아):	올해의 여행지:

올해의 말	
올해 들은 기분 좋은 말:	올해 자주 한 말:

올해의 맛	
올해의 힐링푸드:	올해 최고의 맛집:

올해의 물건	
올해 산 최고의 아이템:	올해 받은 최고의 선물:

올해의 관계

삶의 많은 기쁨과 고민이 인간관계에서 비롯되지요.
지금 내 주변 사람들과의 관계를 점검해보세요.

가장 친하게 지낸 사람:	오랜만에 다시 만난 사람:
올해 새롭게 알게 된 사람:	올해 가장 고마운 사람:
전보다 가까워진 사람:	내게 부정적인 영향을 준 사람:
전보다 멀어진 사람:	내게 긍정적인 영향을 준 사람:

나에게 올해의 인물은? 그 사람에 대해 남겨두고 싶은 이야기가 있다면?

올해의 발견

연기를 쓰다 보니 몰랐던 나를 하나씩 발견하게 되지 않나요?
계속 반복되는 답변이 있다면 그것이 올해를 대표하는 것이겠죠.
다음의 질문에 답하면서 내가 발견한 것들을 기록해보세요.

올해는 나에게 어떤 계절이었나?

☐ 봄 : 배우고 준비하고 시작하는 계절

☐ 여름 : 견디고 정진하는 계절

☐ 가을 : 수확하고 결실을 맺는 계절

☐ 겨울 : 휴식하고 다음을 모색하는 계절

하거나 하지 않은 일 중 후회되는 일이 있다면?

....

....

올해 한 일 중 가장 잘 한 일이 있다면?

....

....

올해 더 나아졌다고 느끼는 점과 더 나빠졌다고 느끼는 점은?

....

....

....

롤모델이나 워너비 인물이 있다면? 그 이유는?

올해 새롭게 알게 된 나의 모습은?(취향, 성격 등)

올해 깨달음을 얻은 게 있다면?

내가 가장 불안해하는 상황이 있다면?

올해의 어워드

힘든 일이 많아도 좋아하는 것들이 있어 견딜 수 있었죠.
내 마음을 빼앗은 최고의 것들을 시상식 형식으로 기록해보세요.
즐기는 게 사람마다 다른 만큼 나만의 시상식도 열어보자고요.

올해의 책:	올해의 영화:
올해의 음악:	올해의 스포츠:
올해의 프로그램(TV, OTT, 유튜브 등):	올해의 인물(연예인, 정치인, 운동선수 등):

나만의 시상식

올해의   :

올해의   :

올해의   :

올해의   :

올해의 평가

나의 올해에 점수를 매겨볼 수 있을까요?
분명 주관적인 평가이지만 여기에 적은 숫자들을 통해
내 삶을 좀 더 객관적으로 볼 수 있게 될 겁니다.

친구, 연인, 가족 등 관계 만족도   /20점

코멘트 :

취미, 여행 등 여가 생활 만족도   /20점

코멘트 :

급여, 재테크 등 금전 만족도   /20점

코멘트 :

일, 학업 등 성취 만족도   /20점

코멘트 :

마음, 신체 등 건강 만족도   /20점

코멘트 :

종합 만족도   /100점

코멘트 :

올해를 지배한 나의 감정은?

(수치심-슬픔-공포-갈망-분노-자부심-용기-수용-자존-평온-기쁨)

올해의 나를 한줄평으로!

올해의 복기

지금까지 나에 대해 많은 것을 기록했지만 미처 담아내지 못한
이야기도 있을 거예요. 사진을 붙여도 좋고 그림을 그려도 좋아요.
올해를 복기하며 남기고 싶은 말을 자유롭게 써보세요.

올해의 나에게 하고 싶은 말

다음해를 위한 계획

연기를 쓰니 좋았던 것부터 아쉬운 것까지
많은 것이 분명해지지 않았나요?
더 나답게 살기 위한 내년 계획을 세워보세요.

to-do list (해야 할 것)

1.   ☐

2.   ☐

3.   ☐

4.   ☐

5.   ☐

bucket list (하고 싶은 것)

1.   ☐

2.   ☐

3.   ☐

4.   ☐

5.   ☐

월 단위 계획

1월:
....

2월:
....

3월:
....

4월:
....

5월:
....

6월:
....

7월:
....

8월:
....

9월:
....

10월:
....

11월:
....

12월:
....

Not everything has to be planned.
Truly wonderful things exist
outside our intended plans.

계획대로 되지 않아도 된다.
진짜 멋진 일들은 계획 밖에 존재한다.

다
섯

번
째

해

월간 기록

달마다 적어도 좋고 한 해를 돌아보며 한꺼번에 적어도 좋아요.
또 기록을 보며 월간 점수를 매겨봐도 좋습니다.
매월 있었던 중요한 일을 간단히 기록해보세요.

1월

2월

3월

4월

_____

5월

_____

6월

7월

8월

9월

10월

11월

12월

올해의 요약

정신없이 바쁘게 살다 보니 벌써 한 해가 다 가고 있네요.
1년을 돌아보면서 나와 내 주변에 어떤 일이 있었는지 살펴보세요.

올해의 사건

1.

2.

3.

올해의 관심사

1.

2.

3.

올해 나에게 일어난 가장 큰 변화는?

올해 자주 했던 생각은?

내가 가장 전념한 일은?

내가 소홀했던 일은?

올해 세상에 일어난 중요한 사건 세 가지는?

1.

2.

3.

내 주변 사람들에게 일어난 중요한 사건은?

올해의 순간

기억에 남는 올해의 순간들을 기록으로 남겨보면
공통점을 발견할 수도 있을 거예요.

올해 최고의 순간

1.

2.

3.

올해 가장 힘들었던 순간

눈물이 났던 순간

가장 놀랐던 순간

소소한 행복을 느꼈던 순간

올해의 성장

매일 비슷비슷한 하루를 사는 것 같아 보이지만
작년과 비교하면 훌쩍 성장한 나를 발견할 수 있을 거예요.

올해의 성과

1.

2.

3.

올해 새롭게 도전해보거나 배워본 일은?

내가 잘한다고 느끼는 일과 유독 어렵다고 느끼는 일은?

커리어, 신체 관리 등 외적 성장을 위해 한 일은?

봉사, 마음 관리 등 내적 성장을 위해 한 일은?

올해의 마음

가장 통제하기 힘든 게 우리의 마음입니다.
그만큼 알아채기 힘든 게 또 마음이죠.
올해 내 마음이 어땠는지 찬찬히 살펴보세요.

올해의 우선순위 vs. 실제 노력한 비중

1. _____ , _____ %

2. _____ , _____ %

3. _____ , _____ %

4. _____ , _____ %

5. _____ , _____ %

딱 한 가지 소원을 빈다면?

올해 했던 가장 큰 고민과 그 고민 끝에 내린 결론은?

마음이 힘들 때 가장 도움이 되었던 것은?

올해의 나

나를 규정하는 정체성은 작년과 얼마나 달라졌을까요?
10년 동안 꾸준히 기록하면서
무엇이 바뀌었고 무엇이 바뀌지 않았는지 확인해보세요.

나이:	특기:
직업:	취미(관심사):
사는 곳:	보물 1호:
몸무게:	가장 편한 모임:
연 소득:	별명(애칭, 닉네임):
종교:	안정 vs. 도전:

올해의 경험

인생은 결국 내가 경험한 만큼만 내 것이 됩니다.
무심코 지나간 경험들을 하나씩 떠올려보세요.

올해의 장소

가장 자주 있던 지역 :

가장 기억에 남는 장소 :

나의 안식처(케렌시아) :

올해의 여행지 :

올해의 말

올해 들은 기분 좋은 말 :

올해 자주 한 말 :

올해의 맛

올해의 힐링푸드 :

올해 최고의 맛집 :

올해의 물건

올해 산 최고의 아이템 :

올해 받은 최고의 선물 :

올해의 관계

삶의 많은 기쁨과 고민이 인간관계에서 비롯되지요.
지금 내 주변 사람들과의 관계를 점검해보세요.

가장 친하게 지낸 사람:	오랜만에 다시 만난 사람:
올해 새롭게 알게 된 사람:	올해 가장 고마운 사람:
전보다 가까워진 사람:	내게 부정적인 영향을 준 사람:
전보다 멀어진 사람:	내게 긍정적인 영향을 준 사람:

나에게 올해의 인물은? 그 사람에 대해 남겨두고 싶은 이야기가 있다면?

올해의 발견

연기를 쓰다 보니 몰랐던 나를 하나씩 발견하게 되지 않나요?
계속 반복되는 답변이 있다면 그것이 올해를 대표하는 것이겠죠.
다음의 질문에 답하면서 내가 발견한 것들을 기록해보세요.

올해는 나에게 어떤 계절이었나?

☐ 봄 : 배우고 준비하고 시작하는 계절

☐ 여름 : 견디고 정진하는 계절

☐ 가을 : 수확하고 결실을 맺는 계절

☐ 겨울 : 휴식하고 다음을 모색하는 계절

하거나 하지 않은 일 중 후회되는 일이 있다면?

올해 한 일 중 가장 잘 한 일이 있다면?

올해 더 나아졌다고 느끼는 점과 더 나빠졌다고 느끼는 점은?

롤모델이나 워너비 인물이 있다면? 그 이유는?

올해 새롭게 알게 된 나의 모습은?(취향, 성격 등)

올해 깨달음을 얻은 게 있다면?

내가 가장 불안해하는 상황이 있다면?

올해의 어워드

힘든 일이 많아도 좋아하는 것들이 있어 견딜 수 있었죠.
내 마음을 빼앗은 최고의 것들을 시상식 형식으로 기록해보세요.
즐기는 게 사람마다 다른 만큼 나만의 시상식도 열어보자고요.

올해의 책:	**올해의 영화:**
올해의 음악:	**올해의 스포츠:**
올해의 프로그램(TV, OTT, 유튜브 등):	**올해의 인물**(연예인, 정치인, 운동선수 등):

나만의 시상식

올해의 　　　　　　　　 :

올해의 　　　　　　　　 :

올해의 　　　　　　　　 :

올해의 　　　　　　　　 :

올해의 평가

나의 올해에 점수를 매겨볼 수 있을까요?
분명 주관적인 평가이지만 여기에 적은 숫자들을 통해
내 삶을 좀 더 객관적으로 볼 수 있게 될 겁니다.

친구, 연인, 가족 등 관계 만족도 /20점

코멘트 :

취미, 여행 등 여가 생활 만족도 /20점

코멘트 :

급여, 재테크 등 금전 만족도 /20점

코멘트 :

일, 학업 등 성취 만족도 /20점

코멘트 :

마음, 신체 등 건강 만족도 /20점

코멘트 :

종합 만족도 /100점

코멘트 :

올해를 지배한 나의 감정은?

(수치심 - 슬픔 - 공포 - 갈망 - 분노 - 자부심 - 용기 - 수용 - 자존 - 평온 - 기쁨)

....

....

올해의 나를 한줄평으로!

....

올해의 복기

지금까지 나에 대해 많은 것을 기록했지만 미처 담아내지 못한
이야기도 있을 거예요. 사진을 붙여도 좋고 그림을 그려도 좋아요.
올해를 복기하며 남기고 싶은 말을 자유롭게 써보세요.

올해의 나에게 하고 싶은 말

다음해를 위한 계획

연기를 쓰니 좋았던 것부터 아쉬운 것까지
많은 것이 분명해지지 않았나요?
더 나답게 살기 위한 내년 계획을 세워보세요.

to-do list (해야 할 것)	
1.	☐
2.	☐
3.	☐
4.	☐
5.	☐

bucket list (하고 싶은 것)	
1.	☐
2.	☐
3.	☐
4.	☐
5.	☐

월 단위 계획

1월 :

2월 :

3월 :

4월 :

5월 :

6월 :

7월 :

8월 :

9월 :

10월 :

11월 :

12월 :

Records are guardians of the past
and our guides into the future.

기록은 과거의 수호자이자
미래의 안내자이다.

여섯 번째 해

월간 기록

달마다 적어도 좋고 한 해를 돌아보며 한꺼번에 적어도 좋아요.
또 기록을 보며 월간 점수를 매겨봐도 좋습니다.
매월 있었던 중요한 일을 간단히 기록해보세요.

1월

2월

3월

4월

5월

6월

7월

8월

9월

10월

11월

12월

올해의 요약

정신없이 바쁘게 살다 보니 벌써 한 해가 다 가고 있네요.
1년을 돌아보면서 나와 내 주변에 어떤 일이 있었는지 살펴보세요.

올해의 사건

1.

2.

3.

올해의 관심사

1.

2.

3.

올해 나에게 일어난 가장 큰 변화는?

올해 자주 했던 생각은?

내가 가장 전념한 일은?

_____

_____

_____

_____

내가 소홀했던 일은?

_____

_____

_____

_____

올해 세상에 일어난 중요한 사건 세 가지는?

1. _____

2. _____

3. _____

내 주변 사람들에게 일어난 중요한 사건은?

_____

_____

_____

올해의 순간

기억에 남는 올해의 순간들을 기록으로 남겨보면
공통점을 발견할 수도 있을 거예요.

올해 최고의 순간

1.

2.

3.

올해 가장 힘들었던 순간

눈물이 났던 순간

가장 놀랐던 순간

소소한 행복을 느꼈던 순간

올해의 성장

매일 비슷비슷한 하루를 사는 것 같아 보이지만
작년과 비교하면 훌쩍 성장한 나를 발견할 수 있을 거예요.

Growth

올해의 성과

1.

2.

3.

올해 새롭게 도전해보거나 배워본 일은?

내가 잘한다고 느끼는 일과 유독 어렵다고 느끼는 일은?

커리어, 신체 관리 등 외적 성장을 위해 한 일은?

봉사, 마음 관리 등 내적 성장을 위해 한 일은?

올해의 마음

가장 통제하기 힘든 게 우리의 마음입니다.
그만큼 알아채기 힘든 게 또 마음이죠.
올해 내 마음이 어땠는지 찬찬히 살펴보세요.

올해의 우선순위 vs. 실제 노력한 비중

1. .... , ... %

2. .... , ... %

3. .... , ... %

4. .... , ... %

5. .... , ... %

딱 한 가지 소원을 빈다면?

올해 했던 가장 큰 고민과 그 고민 끝에 내린 결론은?

마음이 힘들 때 가장 도움이 되었던 것은?

올해의 나

나를 규정하는 정체성은 작년과 얼마나 달라졌을까요?
10년 동안 꾸준히 기록하면서
무엇이 바뀌었고 무엇이 바뀌지 않았는지 확인해보세요.

나이:	특기:
직업:	취미(관심사):
사는 곳:	보물 1호:
몸무게:	가장 편한 모임:
연 소득:	별명(애칭, 닉네임):
종교:	안정 vs. 도전:

올해의 경험

인생은 결국 내가 경험한 만큼만 내 것이 됩니다.
무심코 지나간 경험들을 하나씩 떠올려보세요.

올해의 장소	
가장 자주 있던 지역:	가장 기억에 남는 장소:
나의 안식처(케렌시아):	올해의 여행지:

올해의 말	
올해 들은 기분 좋은 말:	올해 자주 한 말:

올해의 맛	
올해의 힐링푸드:	올해 최고의 맛집:

올해의 물건	
올해 산 최고의 아이템:	올해 받은 최고의 선물:

올해의 관계

삶의 많은 기쁨과 고민이 인간관계에서 비롯되지요.
지금 내 주변 사람들과의 관계를 점검해보세요.

가장 친하게 지낸 사람:	오랜만에 다시 만난 사람:
올해 새롭게 알게 된 사람:	올해 가장 고마운 사람:
전보다 가까워진 사람:	내게 부정적인 영향을 준 사람:
전보다 멀어진 사람:	내게 긍정적인 영향을 준 사람:

나에게 올해의 인물은? 그 사람에 대해 남겨두고 싶은 이야기가 있다면?

올해의 발견

연기를 쓰다 보니 몰랐던 나를 하나씩 발견하게 되지 않나요?
계속 반복되는 답변이 있다면 그것이 올해를 대표하는 것이겠죠.
다음의 질문에 답하면서 내가 발견한 것들을 기록해보세요.

올해는 나에게 어떤 계절이었나?

☐ 봄 : 배우고 준비하고 시작하는 계절

☐ 여름 : 견디고 정진하는 계절

☐ 가을 : 수확하고 결실을 맺는 계절

☐ 겨울 : 휴식하고 다음을 모색하는 계절

하거나 하지 않은 일 중 후회되는 일이 있다면?

올해 한 일 중 가장 잘 한 일이 있다면?

올해 더 나아졌다고 느끼는 점과 더 나빠졌다고 느끼는 점은?

롤모델이나 워너비 인물이 있다면? 그 이유는?

....

....

....

올해 새롭게 알게 된 나의 모습은?(취향, 성격 등)

....

....

....

올해 깨달음을 얻은 게 있다면?

....

....

....

내가 가장 불안해하는 상황이 있다면?

....

....

....

올해의 어워드

힘든 일이 많아도 좋아하는 것들이 있어 견딜 수 있었죠.
내 마음을 빼앗은 최고의 것들을 시상식 형식으로 기록해보세요.
즐기는 게 사람마다 다른 만큼 나만의 시상식도 열어보자고요.

올해의 책:	올해의 영화:
올해의 음악:	올해의 스포츠:
올해의 프로그램(TV, OTT, 유튜브 등):	올해의 인물(연예인, 정치인, 운동선수 등):

나만의 시상식

올해의 _____ :

올해의 _____ :

올해의 _____ :

올해의 _____ :

올해의 평가

나의 올해에 점수를 매겨볼 수 있을까요?
분명 주관적인 평가이지만 여기에 적은 숫자들을 통해
내 삶을 좀 더 객관적으로 볼 수 있게 될 겁니다.

친구, 연인, 가족 등 관계 만족도 /20점

코멘트 :

취미, 여행 등 여가 생활 만족도 /20점

코멘트 :

급여, 재테크 등 금전 만족도 /20점

코멘트 :

일, 학업 등 성취 만족도 /20점

코멘트 :

마음, 신체 등 건강 만족도 /20점

코멘트 :

종합 만족도 /100점

코멘트 :

올해를 지배한 나의 감정은?

(수치심-슬픔-공포-갈망-분노-자부심-용기-수용-자존-평온-기쁨)

올해의 나를 한줄평으로!

올해의 복기

지금까지 나에 대해 많은 것을 기록했지만 미처 담아내지 못한
이야기도 있을 거예요. 사진을 붙여도 좋고 그림을 그려도 좋아요.
올해를 복기하며 남기고 싶은 말을 자유롭게 써보세요.

올해의 나에게 하고 싶은 말

다음해를 위한 계획

연기를 쓰니 좋았던 것부터 아쉬운 것까지
많은 것이 분명해지지 않았나요?
더 나답게 살기 위한 내년 계획을 세워보세요.

to-do list (해야 할 것)	
1.	☐
2.	☐
3.	☐
4.	☐
5.	☐

bucket list (하고 싶은 것)	
1.	☐
2.	☐
3.	☐
4.	☐
5.	☐

월 단위 계획

1월 :
....

2월 :
....

3월 :
....

4월 :
....

5월 :
....

6월 :
....

7월 :
....

8월 :
....

9월 :
....

10월 :
....

11월 :
....

12월 :
....

Everything that happens in your life
is there to make the stories
you tell richer.

우리에겐 모두 저마다의 이야기가 있다.
인생에 벌어지는 모든 사건은
그 이야기를 풍부하게 만들기 위해 생겨난 것이다.

일
곱
번
째

해

월간 기록

달마다 적어도 좋고 한 해를 돌아보며 한꺼번에 적어도 좋아요.
또 기록을 보며 월간 점수를 매겨봐도 좋습니다.
매월 있었던 중요한 일을 간단히 기록해보세요.

1월

2월

3월

4월

5월

6월

7월

8월

9월

10월

11월

12월

올해의 요약

정신없이 바쁘게 살다 보니 벌써 한 해가 다 가고 있네요.
1년을 돌아보면서 나와 내 주변에 어떤 일이 있었는지 살펴보세요.

올해의 사건

1.

2.

3.

올해의 관심사

1.

2.

3.

올해 나에게 일어난 가장 큰 변화는?

올해 자주 했던 생각은?

내가 가장 전념한 일은?

내가 소홀했던 일은?

올해 세상에 일어난 중요한 사건 세 가지는?

1.

2.

3.

내 주변 사람들에게 일어난 중요한 사건은?

올해의 순간

기억에 남는 올해의 순간들을 기록으로 남겨보면
공통점을 발견할 수도 있을 거예요.

올해 최고의 순간

1.

2.

3.

올해 가장 힘들었던 순간

눈물이 났던 순간

가장 놀랐던 순간

소소한 행복을 느꼈던 순간

올해의 성장

매일 비슷비슷한 하루를 사는 것 같아 보이지만
작년과 비교하면 훌쩍 성장한 나를 발견할 수 있을 거예요.

올해의 성과

1.

2.

3.

올해 새롭게 도전해보거나 배워본 일은?

내가 잘한다고 느끼는 일과 유독 어렵다고 느끼는 일은?

커리어, 신체 관리 등 외적 성장을 위해 한 일은?

봉사, 마음 관리 등 내적 성장을 위해 한 일은?

올해의 마음

가장 통제하기 힘든 게 우리의 마음입니다.
그만큼 알아채기 힘든 게 또 마음이죠.
올해 내 마음이 어땠는지 찬찬히 살펴보세요.

올해의 우선순위 vs. 실제 노력한 비중

1. .... , ... %

2. .... , ... %

3. .... , ... %

4. .... , ... %

5. .... , ... %

딱 한 가지 소원을 빈다면?

....

....

올해 했던 가장 큰 고민과 그 고민 끝에 내린 결론은?

....

....

마음이 힘들 때 가장 도움이 되었던 것은?

....

....

올해의 나

나를 규정하는 정체성은 작년과 얼마나 달라졌을까요?
10년 동안 꾸준히 기록하면서
무엇이 바뀌었고 무엇이 바뀌지 않았는지 확인해보세요.

나이:	특기:
직업:	취미(관심사):
사는 곳:	보물 1호:
몸무게:	가장 편한 모임:
연 소득:	별명(애칭, 닉네임):
종교:	안정 vs. 도전:

올해의 경험

인생은 결국 내가 경험한 만큼만 내 것이 됩니다.
무심코 지나간 경험들을 하나씩 떠올려보세요.

올해의 장소

가장 자주 있던 지역:

가장 기억에 남는 장소:

나의 안식처 (케렌시아):

올해의 여행지:

올해의 말

올해 들은 기분 좋은 말:

올해 자주 한 말:

올해의 맛

올해의 힐링푸드:

올해 최고의 맛집:

올해의 물건

올해 산 최고의 아이템:

올해 받은 최고의 선물:

올해의 관계

삶의 많은 기쁨과 고민이 인간관계에서 비롯되지요.
지금 내 주변 사람들과의 관계를 점검해보세요.

가장 친하게 지낸 사람:	오랜만에 다시 만난 사람:
올해 새롭게 알게 된 사람:	올해 가장 고마운 사람:
전보다 가까워진 사람:	내게 부정적인 영향을 준 사람:
전보다 멀어진 사람:	내게 긍정적인 영향을 준 사람:

나에게 올해의 인물은? 그 사람에 대해 남겨두고 싶은 이야기가 있다면?

올해의 발견

연기를 쓰다 보니 몰랐던 나를 하나씩 발견하게 되지 않나요?
계속 반복되는 답변이 있다면 그것이 올해를 대표하는 것이겠죠.
다음의 질문에 답하면서 내가 발견한 것들을 기록해보세요.

올해는 나에게 어떤 계절이었나?

- [ ] 봄: 배우고 준비하고 시작하는 계절
- [ ] 여름: 견디고 정진하는 계절
- [ ] 가을: 수확하고 결실을 맺는 계절
- [ ] 겨울: 휴식하고 다음을 모색하는 계절

하거나 하지 않은 일 중 후회되는 일이 있다면?

올해 한 일 중 가장 잘 한 일이 있다면?

올해 더 나아졌다고 느끼는 점과 더 나빠졌다고 느끼는 점은?

롤모델이나 워너비 인물이 있다면? 그 이유는?

....

....

올해 새롭게 알게 된 나의 모습은?(취향, 성격 등)

....

....

....

올해 깨달음을 얻은 게 있다면?

....

....

....

내가 가장 불안해하는 상황이 있다면?

....

....

....

올해의 어워드

힘든 일이 많아도 좋아하는 것들이 있어 견딜 수 있었죠.
내 마음을 빼앗은 최고의 것들을 시상식 형식으로 기록해보세요.
즐기는 게 사람마다 다른 만큼 나만의 시상식도 열어보자고요.

올해의 책:	**올해의 영화:**
올해의 음악:	**올해의 스포츠:**
올해의 프로그램(TV, OTT, 유튜브 등):	**올해의 인물**(연예인, 정치인, 운동선수 등):

나만의 시상식

올해의 _____ :

올해의 _____ :

올해의 _____ :

올해의 _____ :

올해의 평가

나의 올해에 점수를 매겨볼 수 있을까요?
분명 주관적인 평가이지만 여기에 적은 숫자들을 통해
내 삶을 좀 더 객관적으로 볼 수 있게 될 겁니다.

친구, 연인, 가족 등 관계 만족도 /20점

코멘트 :

취미, 여행 등 여가 생활 만족도 /20점

코멘트 :

급여, 재테크 등 금전 만족도 /20점

코멘트 :

일, 학업 등 성취 만족도 /20점

코멘트 :

마음, 신체 등 건강 만족도 /20점

코멘트 :

종합 만족도 /100점

코멘트 :

올해를 지배한 나의 감정은?

(수치심-슬픔-공포-갈망-분노-자부심-용기-수용-자존-평온-기쁨)

올해의 나를 한줄평으로!

올해의 복기

지금까지 나에 대해 많은 것을 기록했지만 미처 담아내지 못한
이야기도 있을 거예요. 사진을 붙여도 좋고 그림을 그려도 좋아요.
올해를 복기하며 남기고 싶은 말을 자유롭게 써보세요.

올해의 나에게 하고 싶은 말

다음해를 위한 계획

연기를 쓰니 좋았던 것부터 아쉬운 것까지
많은 것이 분명해지지 않았나요?
더 나답게 살기 위한 내년 계획을 세워보세요.

to - do list (해야 할 것)	
1.	☐
2.	☐
3.	☐
4.	☐
5.	☐

bucket list (하고 싶은 것)	
1.	☐
2.	☐
3.	☐
4.	☐
5.	☐

월 단위 계획

1월:
....

2월:
....

3월:
....

4월:
....

5월:
....

6월:
....

7월:
....

8월:
....

9월:
....

10월:
....

11월:
....

12월:
....

Beautiful memories never fade.
They become a part of our body,
and together we live as one.

아름다운 기억은 사라지지 않는다.
우리 몸의 일부가 되어 우리와 함께 살아간다.

여덟 번째 해

월간 기록

달마다 적어도 좋고 한 해를 돌아보며 한꺼번에 적어도 좋아요.
또 기록을 보며 월간 점수를 매겨봐도 좋습니다.
매월 있었던 중요한 일을 간단히 기록해보세요.

1월

2월

3월

4월

5월

6월

7월

8월

9월

10월

11월

12월

올해의 요약

정신없이 바쁘게 살다 보니 벌써 한 해가 다 가고 있네요.
1년을 돌아보면서 나와 내 주변에 어떤 일이 있었는지 살펴보세요.

올해의 사건

1.

2.

3.

올해의 관심사

1.

2.

3.

올해 나에게 일어난 가장 큰 변화는?

올해 자주 했던 생각은?

내가 가장 전념한 일은?

....

....

....

....

내가 소홀했던 일은?

....

....

....

....

올해 세상에 일어난 중요한 사건 세 가지는?

1. ....

2. ....

3. ....

내 주변 사람들에게 일어난 중요한 사건은?

....

....

....

올해의 순간

기억에 남는 올해의 순간들을 기록으로 남겨보면
공통점을 발견할 수도 있을 거예요.

올해 최고의 순간

1. ....

2. ....

3. ....

올해 가장 힘들었던 순간

....

....

....

눈물이 났던 순간

....

....

가장 놀랐던 순간

....

....

소소한 행복을 느꼈던 순간

....

....

....

올해의 성장

매일 비슷비슷한 하루를 사는 것 같아 보이지만
작년과 비교하면 훌쩍 성장한 나를 발견할 수 있을 거예요.

올해의 성과

1. ....

2. ....

3. ....

올해 새롭게 도전해보거나 배워본 일은?

....

....

내가 잘한다고 느끼는 일과 유독 어렵다고 느끼는 일은?

....

....

커리어, 신체 관리 등 외적 성장을 위해 한 일은?

....

....

....

봉사, 마음 관리 등 내적 성장을 위해 한 일은?

....

....

올해의 마음

가장 통제하기 힘든 게 우리의 마음입니다.
그만큼 알아채기 힘든 게 또 마음이죠.
올해 내 마음이 어땠는지 찬찬히 살펴보세요.

올해의 우선순위 vs. 실제 노력한 비중

1. .... , ... %

2. .... , ... %

3. .... , ... %

4. .... , ... %

5. .... , ... %

딱 한 가지 소원을 빈다면?

....

....

올해 했던 가장 큰 고민과 그 고민 끝에 내린 결론은?

....

....

마음이 힘들 때 가장 도움이 되었던 것은?

....

....

올해의 나

나를 규정하는 정체성은 작년과 얼마나 달라졌을까요?
10년 동안 꾸준히 기록하면서
무엇이 바뀌었고 무엇이 바뀌지 않았는지 확인해보세요.

나이:	특기:
직업:	취미(관심사):
사는 곳:	보물 1호:
몸무게:	가장 편한 모임:
연 소득:	별명(애칭, 닉네임):
종교:	안정 vs. 도전:

올해의 경험

인생은 결국 내가 경험한 만큼만 내 것이 됩니다.
무심코 지나간 경험들을 하나씩 떠올려보세요.

올해의 장소	
가장 자주 있던 지역:	가장 기억에 남는 장소:
나의 안식처(케렌시아):	올해의 여행지:

올해의 말	
올해 들은 기분 좋은 말:	올해 자주 한 말:

올해의 맛	
올해의 힐링푸드:	올해 최고의 맛집:

올해의 물건	
올해 산 최고의 아이템:	올해 받은 최고의 선물:

올해의 관계

삶의 많은 기쁨과 고민이 인간관계에서 비롯되지요.
지금 내 주변 사람들과의 관계를 점검해보세요.

가장 친하게 지낸 사람:	오랜만에 다시 만난 사람:
올해 새롭게 알게 된 사람:	올해 가장 고마운 사람:
전보다 가까워진 사람:	내게 부정적인 영향을 준 사람:
전보다 멀어진 사람:	내게 긍정적인 영향을 준 사람:

나에게 올해의 인물은? 그 사람에 대해 남겨두고 싶은 이야기가 있다면?

올해의 발견

연기를 쓰다 보니 몰랐던 나를 하나씩 발견하게 되지 않나요?
계속 반복되는 답변이 있다면 그것이 올해를 대표하는 것이겠죠.
다음의 질문에 답하면서 내가 발견한 것들을 기록해보세요.

올해는 나에게 어떤 계절이었나?

- ☐ 봄 : 배우고 준비하고 시작하는 계절
- ☐ 여름 : 견디고 정진하는 계절
- ☐ 가을 : 수확하고 결실을 맺는 계절
- ☐ 겨울 : 휴식하고 다음을 모색하는 계절

하거나 하지 않은 일 중 후회되는 일이 있다면?

올해 한 일 중 가장 잘 한 일이 있다면?

올해 더 나아졌다고 느끼는 점과 더 나빠졌다고 느끼는 점은?

롤모델이나 워너비 인물이 있다면? 그 이유는?

....

....

올해 새롭게 알게 된 나의 모습은?(취향, 성격 등)

....

....

올해 깨달음을 얻은 게 있다면?

....

....

내가 가장 불안해하는 상황이 있다면?

....

....

올해의 어워드

힘든 일이 많아도 좋아하는 것들이 있어 견딜 수 있었죠.
내 마음을 빼앗은 최고의 것들을 시상식 형식으로 기록해보세요.
즐기는 게 사람마다 다른 만큼 나만의 시상식도 열어보자고요.

올해의 책:	**올해의 영화:**
올해의 음악:	**올해의 스포츠:**
올해의 프로그램(TV, OTT, 유튜브 등):	**올해의 인물**(연예인, 정치인, 운동선수 등):

나만의 시상식

올해의   :

올해의   :

올해의   :

올해의   :

올해의 평가

Score

나의 올해에 점수를 매겨볼 수 있을까요?
분명 주관적인 평가이지만 여기에 적은 숫자들을 통해
내 삶을 좀 더 객관적으로 볼 수 있게 될 겁니다.

친구, 연인, 가족 등 관계 만족도 /20점

코멘트 :

취미, 여행 등 여가 생활 만족도 /20점

코멘트 :

급여, 재테크 등 금전 만족도 /20점

코멘트 :

일, 학업 등 성취 만족도 /20점

코멘트 :

마음, 신체 등 건강 만족도 /20점

코멘트 :

종합 만족도 /100점

코멘트 :

올해를 지배한 나의 감정은?

(수치심 - 슬픔 - 공포 - 갈망 - 분노 - 자부심 - 용기 - 수용 - 자존 - 평온 - 기쁨)

올해의 나를 한줄평으로!

올해의 복기

지금까지 나에 대해 많은 것을 기록했지만 미처 담아내지 못한
이야기도 있을 거예요. 사진을 붙여도 좋고 그림을 그려도 좋아요.
올해를 복기하며 남기고 싶은 말을 자유롭게 써보세요.

올해의 나에게 하고 싶은 말

다음해를 위한 계획

연기를 쓰니 좋았던 것부터 아쉬운 것까지
많은 것이 분명해지지 않았나요?
더 나답게 살기 위한 내년 계획을 세워보세요.

to-do list (해야 할 것)	
1.	☐
2.	☐
3.	☐
4.	☐
5.	☐

bucket list (하고 싶은 것)	
1.	☐
2.	☐
3.	☐
4.	☐
5.	☐

월 단위 계획

1월:
....

2월:
....

3월:
....

4월:
....

5월:
....

6월:
....

7월:
....

8월:
....

9월:
....

10월:
....

11월:
....

12월:
....

The most important thing
we discover in the midst of change
is that there are some things
that never change.

변화 속에서 발견해야 할 가장 중요한 것은
그럼에도 변하지 않은 것에 있다.

아
홉

번
째

해

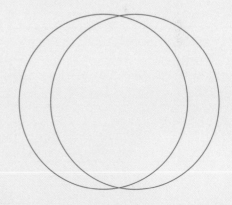

월간 기록

달마다 적어도 좋고 한 해를 돌아보며 한꺼번에 적어도 좋아요.
또 기록을 보며 월간 점수를 매겨봐도 좋습니다.
매월 있었던 중요한 일을 간단히 기록해보세요.

1월

2월

3월

4월

5월

6월

7월

8월

9월

10월

11월

12월

올해의 요약

정신없이 바쁘게 살다 보니 벌써 한 해가 다 가고 있네요.
1년을 돌아보면서 나와 내 주변에 어떤 일이 있었는지 살펴보세요.

올해의 사건

1.

2.

3.

올해의 관심사

1.

2.

3.

올해 나에게 일어난 가장 큰 변화는?

올해 자주 했던 생각은?

내가 가장 전념한 일은?

내가 소홀했던 일은?

올해 세상에 일어난 중요한 사건 세 가지는?

1.

2.

3.

내 주변 사람들에게 일어난 중요한 사건은?

올해의 순간

기억에 남는 올해의 순간들을 기록으로 남겨보면
공통점을 발견할 수도 있을 거예요.

올해 최고의 순간

1.

2.

3.

올해 가장 힘들었던 순간

눈물이 났던 순간

가장 놀랐던 순간

소소한 행복을 느꼈던 순간

올해의 성장

매일 비슷비슷한 하루를 사는 것 같아 보이지만
작년과 비교하면 훌쩍 성장한 나를 발견할 수 있을 거예요.

올해의 성과

1.

2.

3.

올해 새롭게 도전해보거나 배워본 일은?

내가 잘한다고 느끼는 일과 유독 어렵다고 느끼는 일은?

커리어, 신체 관리 등 외적 성장을 위해 한 일은?

봉사, 마음 관리 등 내적 성장을 위해 한 일은?

올해의 마음

가장 통제하기 힘든 게 우리의 마음입니다.
그만큼 알아채기 힘든 게 또 마음이죠.
올해 내 마음이 어땠는지 찬찬히 살펴보세요.

올해의 우선순위 vs. 실제 노력한 비중

1. .... , ... %

2. .... , ... %

3. .... , ... %

4. .... , ... %

5. .... , ... %

딱 한 가지 소원을 빈다면?

....

....

....

올해 했던 가장 큰 고민과 그 고민 끝에 내린 결론은?

....

....

....

마음이 힘들 때 가장 도움이 되었던 것은?

....

....

올해의 나

나를 규정하는 정체성은 작년과 얼마나 달라졌을까요?
10년 동안 꾸준히 기록하면서
무엇이 바뀌었고 무엇이 바뀌지 않았는지 확인해보세요.

나이:	특기:
직업:	취미(관심사):
사는 곳:	보물 1호:
몸무게:	가장 편한 모임:
연 소득:	별명(애칭, 닉네임):
종교:	안정 vs. 도전:

올해의 경험

인생은 결국 내가 경험한 만큼만 내 것이 됩니다.
무심코 지나간 경험들을 하나씩 떠올려보세요.

올해의 장소

가장 자주 있던 지역:

가장 기억에 남는 장소:

나의 안식처(케렌시아):

올해의 여행지:

올해의 말

올해 들은 기분 좋은 말:

올해 자주 한 말:

올해의 맛

올해의 힐링푸드:

올해 최고의 맛집:

올해의 물건

올해 산 최고의 아이템:

올해 받은 최고의 선물:

올해의 관계

삶의 많은 기쁨과 고민이 인간관계에서 비롯되지요.
지금 내 주변 사람들과의 관계를 점검해보세요.

가장 친하게 지낸 사람:	오랜만에 다시 만난 사람:
올해 새롭게 알게 된 사람:	올해 가장 고마운 사람:
전보다 가까워진 사람:	내게 부정적인 영향을 준 사람:
전보다 멀어진 사람:	내게 긍정적인 영향을 준 사람:

나에게 올해의 인물은? 그 사람에 대해 남겨두고 싶은 이야기가 있다면?

올해의 발견

연기를 쓰다 보니 몰랐던 나를 하나씩 발견하게 되지 않나요?
계속 반복되는 답변이 있다면 그것이 올해를 대표하는 것이겠죠.
다음의 질문에 답하면서 내가 발견한 것들을 기록해보세요.

올해는 나에게 어떤 계절이었나?

☐ 봄 : 배우고 준비하고 시작하는 계절

☐ 여름 : 견디고 정진하는 계절

☐ 가을 : 수확하고 결실을 맺는 계절

☐ 겨울 : 휴식하고 다음을 모색하는 계절

하거나 하지 않은 일 중 후회되는 일이 있다면?

올해 한 일 중 가장 잘 한 일이 있다면?

올해 더 나아졌다고 느끼는 점과 더 나빠졌다고 느끼는 점은?

롤모델이나 워너비 인물이 있다면? 그 이유는?

올해 새롭게 알게 된 나의 모습은?(취향, 성격 등)

올해 깨달음을 얻은 게 있다면?

내가 가장 불안해하는 상황이 있다면?

올해의 어워드

힘든 일이 많아도 좋아하는 것들이 있어 견딜 수 있었죠.
내 마음을 빼앗은 최고의 것들을 시상식 형식으로 기록해보세요.
즐기는 게 사람마다 다른 만큼 나만의 시상식도 열어보자고요.

올해의 책:	**올해의 영화:**
올해의 음악:	**올해의 스포츠:**
올해의 프로그램(TV, OTT, 유튜브 등):	**올해의 인물**(연예인, 정치인, 운동선수 등):

나만의 시상식

올해의   :

올해의   :

올해의   :

올해의   :

올해의 평가

나의 올해에 점수를 매겨볼 수 있을까요?
분명 주관적인 평가이지만 여기에 적은 숫자들을 통해
내 삶을 좀 더 객관적으로 볼 수 있게 될 겁니다.

친구, 연인, 가족 등 관계 만족도　　　　　　　　　　　　　　　/20점

코멘트:

친미, 여행 등 여가 생활 만족도　　　　　　　　　　　　　　　/20점

코멘트:

급여, 재테크 등 금전 만족도　　　　　　　　　　　　　　　　/20점

코멘트:

일, 학업 등 성취 만족도　　　　　　　　　　　　　　　　　　/20점

코멘트:

마음, 신체 등 건강 만족도　　　　　　　　　　　　　　　　　/20점

코멘트:

종합 만족도　　　　　　　　　　　　　　　　　　　　　　　/100점

코멘트:

올해를 지배한 나의 감정은?

(수치심-슬픔-공포-갈망-분노-자부심-용기-수용-자존-평온-기쁨)

올해의 나를 한줄평으로!

올해의 복기

지금까지 나에 대해 많은 것을 기록했지만 미처 담아내지 못한
이야기도 있을 거예요. 사진을 붙여도 좋고 그림을 그려도 좋아요.
올해를 복기하며 남기고 싶은 말을 자유롭게 써보세요.

올해의 나에게 하고 싶은 말

다음해를 위한 계획

연기를 쓰니 좋았던 것부터 아쉬운 것까지
많은 것이 분명해지지 않았나요?
더 나답게 살기 위한 내년 계획을 세워보세요.

to - do list (해야 할 것)	
1.	☐
2.	☐
3.	☐
4.	☐
5.	☐

bucket list (하고 싶은 것)	
1.	☐
2.	☐
3.	☐
4.	☐
5.	☐

월 단위 계획

1월:
....

2월:
....

3월:
....

4월:
....

5월:
....

6월:
....

7월:
....

8월:
....

9월:
....

10월:
....

11월:
....

12월:
....

There are always hints of
what the future holds in the past,
but it can only be found by those
who seek it out.

과거는 언제나 미래에 대한 힌트를 담고 있었다.
그리고 오직 찾아나서는 이에게만 발견되었다.

열 번째 해

월간 기록

달마다 적어도 좋고 한 해를 돌아보며 한꺼번에 적어도 좋아요.
또 기록을 보며 월간 점수를 매겨봐도 좋습니다.
매월 있었던 중요한 일을 간단히 기록해보세요.

1월

2월

3월

4월

5월

6월

7월

8월

9월

10월

11월

12월

올해의 요약

정신없이 바쁘게 살다 보니 벌써 한 해가 다 가고 있네요.
1년을 돌아보면서 나와 내 주변에 어떤 일이 있었는지 살펴보세요.

올해의 사건

1.

2.

3.

올해의 관심사

1.

2.

3.

올해 나에게 일어난 가장 큰 변화는?

올해 자주 했던 생각은?

내가 가장 전념한 일은?

내가 소홀했던 일은?

올해 세상에 일어난 중요한 사건 세 가지는?

1.

2.

3.

내 주변 사람들에게 일어난 중요한 사건은?

올해의 순간

기억에 남는 올해의 순간들을 기록으로 남겨보면
공통점을 발견할 수도 있을 거예요.

올해 최고의 순간

1.

2.

3.

올해 가장 힘들었던 순간

눈물이 났던 순간

가장 놀랐던 순간

소소한 행복을 느꼈던 순간

올해의 성장

매일 비슷비슷한 하루를 사는 것 같아 보이지만
작년과 비교하면 훌쩍 성장한 나를 발견할 수 있을 거예요.

올해의 성과

1.

2.

3.

올해 새롭게 도전해보거나 배워본 일은?

내가 잘한다고 느끼는 일과 유독 어렵다고 느끼는 일은?

커리어, 신체 관리 등 외적 성장을 위해 한 일은?

봉사, 마음 관리 등 내적 성장을 위해 한 일은?

올해의 마음

가장 통제하기 힘든 게 우리의 마음입니다.
그만큼 알아채기 힘든 게 또 마음이죠.
올해 내 마음이 어땠는지 찬찬히 살펴보세요.

올해의 우선순위 vs. 실제 노력한 비중

1. .... , ... %

2. .... , ... %

3. .... , ... %

4. .... , ... %

5. .... , ... %

딱 한 가지 소원을 빈다면?

올해 했던 가장 큰 고민과 그 고민 끝에 내린 결론은?

마음이 힘들 때 가장 도움이 되었던 것은?

올해의 나

나를 규정하는 정체성은 작년과 얼마나 달라졌을까요?
10년 동안 꾸준히 기록하면서
무엇이 바뀌었고 무엇이 바뀌지 않았는지 확인해보세요.

나이:

특기:

직업:

취미(관심사):

사는 곳:

보물 1호:

몸무게:

가장 편한 모임:

연 소득:

별명(애칭, 닉네임):

종교:

안정 vs. 도전:

올해의 경험

인생은 결국 내가 경험한 만큼만 내 것이 됩니다.
무심코 지나간 경험들을 하나씩 떠올려보세요.

올해의 장소

가장 자주 있던 지역:

가장 기억에 남는 장소:

나의 안식처(케렌시아):

올해의 여행지:

올해의 말

올해 들은 기분 좋은 말:

올해 자주 한 말:

올해의 맛

올해의 힐링푸드:

올해 최고의 맛집:

올해의 물건

올해 산 최고의 아이템:

올해 받은 최고의 선물:

올해의 관계

삶의 많은 기쁨과 고민이 인간관계에서 비롯되지요.
지금 내 주변 사람들과의 관계를 점검해보세요.

가장 친하게 지낸 사람:	오랜만에 다시 만난 사람:
올해 새롭게 알게 된 사람:	올해 가장 고마운 사람:
전보다 가까워진 사람:	내게 부정적인 영향을 준 사람:
전보다 멀어진 사람:	내게 긍정적인 영향을 준 사람:

나에게 올해의 인물은? 그 사람에 대해 남겨두고 싶은 이야기가 있다면?

올해의 발견

연기를 쓰다 보니 몰랐던 나를 하나씩 발견하게 되지 않나요?
계속 반복되는 답변이 있다면 그것이 올해를 대표하는 것이겠죠.
다음의 질문에 답하면서 내가 발견한 것들을 기록해보세요.

올해는 나에게 어떤 계절이었나?

☐ 봄 : 배우고 준비하고 시작하는 계절

☐ 여름 : 견디고 정진하는 계절

☐ 가을 : 수확하고 결실을 맺는 계절

☐ 겨울 : 휴식하고 다음을 모색하는 계절

하거나 하지 않은 일 중 후회되는 일이 있다면?

....

....

올해 한 일 중 가장 잘 한 일이 있다면?

....

....

올해 더 나아졌다고 느끼는 점과 더 나빠졌다고 느끼는 점은?

....

....

롤모델이나 워너비 인물이 있다면? 그 이유는?

올해 새롭게 알게 된 나의 모습은?(취향, 성격 등)

올해 깨달음을 얻은 게 있다면?

내가 가장 불안해하는 상황이 있다면?

올해의 어워드

힘든 일이 많아도 좋아하는 것들이 있어 견딜 수 있었죠.
내 마음을 빼앗은 최고의 것들을 시상식 형식으로 기록해보세요.
즐기는 게 사람마다 다른 만큼 나만의 시상식도 열어보자고요.

올해의 책:	**올해의 영화:**
올해의 음악:	**올해의 스포츠:**
올해의 프로그램(TV, OTT, 유튜브 등):	**올해의 인물**(연예인, 정치인, 운동선수 등):

나만의 시상식

올해의   :

올해의   :

올해의   :

올해의   :

올해의 평가

나의 올해에 점수를 매겨볼 수 있을까요?
분명 주관적인 평가이지만 여기에 적은 숫자들을 통해
내 삶을 좀 더 객관적으로 볼 수 있게 될 겁니다.

친구, 연인, 가족 등 관계 만족도 /20점

코멘트:

취미, 여행 등 여가 생활 만족도 /20점

코멘트:

급여, 재테크 등 금전 만족도 /20점

코멘트:

일, 학업 등 성취 만족도 /20점

코멘트:

마음, 신체 등 건강 만족도 /20점

코멘트:

종합 만족도 /100점

코멘트:

올해를 지배한 나의 감정은?

(수치심-슬픔-공포-갈망-분노-자부심-용기-수용-자존-평온-기쁨)

올해의 나를 한줄평으로!

올해의 복기

지금까지 나에 대해 많은 것을 기록했지만 미처 담아내지 못한
이야기도 있을 거예요. 사진을 붙여도 좋고 그림을 그려도 좋아요.
올해를 복기하며 남기고 싶은 말을 자유롭게 써보세요.

올해의 나에게 하고 싶은 말

다음해를 위한 계획

연기를 쓰니 좋았던 것부터 아쉬운 것까지
많은 것이 분명해지지 않았나요?
더 나답게 살기 위한 내년 계획을 세워보세요.

to-do list (해야 할 것)	
1.	☐
2.	☐
3.	☐
4.	☐
5.	☐

bucket list (하고 싶은 것)	
1.	☐
2.	☐
3.	☐
4.	☐
5.	☐

월 단위 계획

1월 :

2월 :

3월 :

4월 :

5월 :

6월 :

7월 :

8월 :

9월 :

10월 :

11월 :

12월 :

10년을 돌아보며

"당신은 무엇을 발견했나요?"

지난 10년간 어떤 변화가 있었나요?
내가 얻은 것은 무엇인가요?
내가 잃은 것은 무엇인가요?
어떤 깨달음을 얻었나요?

10년의 나

매년 기록한 '올해의 나'를 참고해서 완성하면 됩니다.
10년 동안 어떤 변화가 있었는지 확인해보세요.

	1년	2년	3년	4년	5년
나이					
직업					
사는 곳					
몸무게					
연 소득					
종교					
특기					
취미					
보물1호					
모임					
별명					
안정/도전					

	6년	7년	8년	9년	10년
나이					
직업					
사는 곳					
몸무게					
연 소득					
종교					
특기					
취미					
보물 1호					
모임					
별명					
안정/도전					

10년의 평가

매년 기록한 '올해의 평가'를 참고해서 완성하면 됩니다.
10년 동안 어떤 변화가 있었는지 확인해보세요.

	관계 만족도	여가 만족도	금전 만족도	성취 만족도	건강 만족도	종합 만족도
1년						
2년						
3년						
4년						
5년						
6년						
7년						
8년						
9년						
10년						